JOHANNES HARTL

WENN DIE SEELE WEINT

Glauben wenn es wehtut

cap-books

Impressum

Bestell-Nr.: 52 50447
ISBN 978-3-86773-215-4

Oberer Garten 8
D-72221 Haiterbach-Beihingen
07456-9393-0
info@cap-music.de
www.cap-music.de

Umschlaggestaltung, Layout:
spoon design, Langgöns
Fotos: Shutterstock.com
Abschrift: Melissa Sailer
Lektorat und Bearbeitung: Ute Mayer,
Andreas Claus

Das vorliegende Buch ist eine Transkription des gleichlautenden Vortrags von Dr. Johannes Hartl.

INHALT

Einleitung

In diesem Buch geht es um ein Thema, das wahrscheinlich jeden Menschen irgendwann einmal betrifft. Es ist die Situation, ein Tag oder eine bestimmte Zeit, in der die Seele weint. Deshalb trägt dieses Buch den Titel „Wenn die Seele weint".

Was tust du, wenn deine Seele weint? Was sind deine Verhaltensweisen, deine Muster, deine Strategien? Was tust du an dem Tag, an dem es weh tut zu glauben? An dem Tag, an dem keine Hoffnung mehr da ist?

Vielleicht bist du aktuell gerade nicht in solch einer Situation. Aber, tröste dich, früher oder später wird eine kommen! Eine Situation, in der du es brauchst, in diesen Dingen ausgebildet zu sein und Kenntnisse zu haben. Auch wenn **du** gerade nicht in so einer Situation bist – früher oder später wird es kommen, dass jemand anderes in deiner Umgebung in so einer Situation ist. Dann solltest du fähig sein, ihm oder ihr konkret Hilfestellung zu geben, wenn seine – oder wenn ihre – Seele weint.

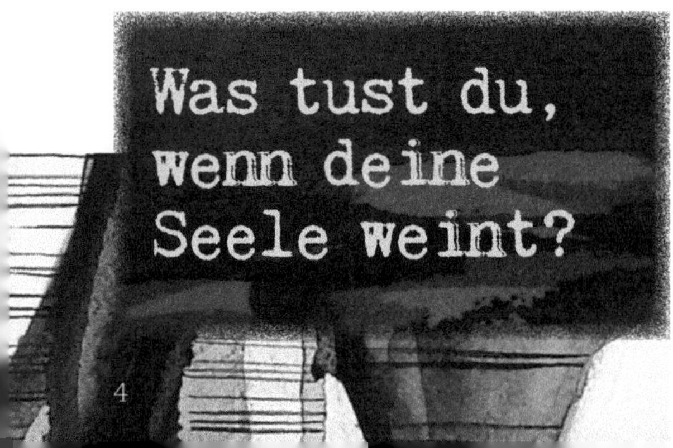

Zunächst kann man fragen: Hey, ist es eigentlich so? Haben wir Christen überhaupt so etwas? Ich meine, leben wir nicht eigentlich im Sieg? Und geht es uns nicht total gut?

Ich möchte eines vorweg schicken: Ich meine, es gibt tatsächlich Menschen, die sagen: „Ich kenne so etwas nicht. Mir geht es immer gut, weil ich ja Gott habe." Oder: „Ich bin ein optimistischer Mensch. Ich hab schon früh gelernt, aus schwierigen Zeiten kann man das Beste machen."

Manche Leute können gar nicht weinen, denn denen **kann** es gar nicht schlecht gehen. Doch ich möchte gleich von vornherein sagen: Das ist nicht echt. Das sind einfach nur Strategien, die Menschen gelernt haben, um durch Härte und durch Ausblenden den eigenen Schmerz nicht zuzulassen.

Aber die Frage, wie du dich verhältst, wie ich mich verhalte, wenn es weh tut, ist eine entscheidende. Vielleicht hast du es schon gemerkt: Wahre Freunde erkennt man zum Beispiel in schwierigen Zeiten. Überhaupt erkennt man das, was wahr ist, das, was echt ist, in schwierigen Zeiten am besten.

Alle biblischen Helden hatten Phasen, in denen es hart war.

Das ist kein erstrebenswertes Ziel und es ist auch nicht biblisch. Alle biblischen Helden hatten Phasen, in denen es hart war. Jesus hatte Phasen, in denen es hart war. Als ihn Versuchung traf. Phasen, die voller Schmerz waren. Es ist weder ein erstrebenswertes Ziel, noch ist es gesund, noch ist es normal, wenn es dir immer nur gut geht.

Und wie es um dein Herz eigentlich bestellt ist, erkennt man auch am besten – erkennst du auch am besten – in schwierigen Zeiten. Zwei wissen das ganz genau: Der Teufel weiß es und Gott weiß es. Deswegen beginnt das öffentliche Wirken von Jesus mit einer interessanten Geschichte, von der wir im vierten Kapitel des Matthäusevangeliums (Matthäus 4,1-3) lesen:

Dann wurde Jesus vom Geist in die Wüste geführt; dort sollte er vom Teufel in Versuchung geführt werden. Als er vierzig Tage und vierzig Nächte gefastet hatte, bekam er Hunger. Da trat der Versucher an ihn heran und sagte: Wenn du Gottes Sohn bist, so befiehl, dass aus diesen Steinen Brot wird.

Es ist die Situation, als Jesus so lange fastet, dass er fast verhungert. Um genau zu sein: vierzig Tage. Vierzig Tage ist die Zeit, die ein Mensch mit Wasser allein noch gefahrlos überleben kann. Also da stirbst du nicht. Doch danach, nach vierzig Tagen, beginnt die Zeit, wenn auch innere Organe angegriffen werden. Dann wird es langsam gefährlich. Und Jesus hat vierzig Tage gefastet. Danach, d. h. als er wirklich existenziell Hunger hat, tritt der Versucher an ihn heran und checkt ihn ab. Und er sagt so: „Okay, wie sieht's aus? Bist du wirklich Gottes Sohn? Und wenn ja, wie ist es dann hiermit? Und wie ist es dann damit?"

Das ist eine typische Strategie an dem Tag, an dem du Hunger hast. An dem Tag, an dem es weh tut. An dem Tag, an dem es echt gefährlich wird, kommt der Versucher. Aber an dem Tag ist auch die Chance, dass du dich im Herrn bewährst.

Das heißt, wenn deine Seele weint, wird es wirklich spannend. Wenn deine Seele weint, entscheidet sich, woran du dich wirklich festmachst. **Wenn deine Seele weint, kann eine Situation entstehen, in der der Feind dich versucht und du fällst.** Aber

Wenn deine Seele weint, entscheidet sich, woran du dich wirklich festmachst.

wenn deine Seele weint, kann auch eine Situation daraus werden, die dich für die nächste Ebene ausrüstet und dich auf die nächste Ebene katapultiert.

Das ist das, was bei Jesus passiert ist. Diese Geschichte in Matthäus 4 war die notwendige Vorbedingung für das, was nachher kam. Aber alles der Reihe nach, das war jetzt ein bisschen zu schnell, ein bisschen zu viel Theologie. Halten wir aber erst einmal fest: Jesus selbst, der Sohn Gottes, ist durch Situationen von Leiden gegangen. Dies hatte einen bestimmten Zweck. Wir lesen im Hebräerbrief Kapitel 5, Vers 8:

Obwohl er der Sohn war, hat er durch Leiden den Gehorsam gelernt.

TEIL A

Der Wert schwerer Zeiten

1. Es ist ganz normal

Dies bringt mich zu meinem ersten Punkt. Es ist die erste Hälfte des Gesamtthemas: Der Wert harter Zeiten.

Wenn du im Moment selbst durch solch eine harte Zeit gehst, dann möchte ich dir zurufen, möchte ich dich am liebsten durchschütteln und dir sagen: „Hey, die Zeit, durch die du gehst, hat einen Wert!“ Das ist jetzt schwer zu sehen, wenn du mittendrin bist. Es hört sich an wie bloße Theorie, aber es ist trotzdem so. Das erste, was ich dir sagen möchte, oder was du anderen Menschen sagen kannst, die es schwer haben: Es ist ganz normal. Das klingt noch nicht nach einem großen Trost.

Die Zeit, durch die du gehst, hat einen Wert.

Ich werde es aber gleich ausführen, warum das schon ein Trost ist.

Es ist deswegen ein Trost, weil die ersten Fragen, die einem kommen können, wenn man in einer leidvollen Situation ist, folgende sind: Mache ich alles richtig? Sollte mir das überhaupt passieren? **Habe ich etwas falsch gemacht? Bin ich aus Gottes Plan herausgefallen?** Bin ich der Einzige, der sich doof anstellt? Ist

Es ist normal. Du machst nichts falsch!

es vielleicht so, dass es bei mir doch nicht funktioniert? Ist es vielleicht so, dass der Glaube und dass Gott bei allen anderen funktioniert, aber nur ich stelle mich einfach zu doof an?

Und die erste Antwort, die du hören musst, ist wirklich die: „Es ist normal. Du machst nichts falsch!" Das heißt, jeder von uns macht natürlich Dinge falsch. Aber es ist nicht so, wenn dir Leid widerfährt und wenn Sachen in deinem Leben nicht klappen, dass die einzige Begründung die ist, dass du etwas verbockt hast.

Dem ist nicht so. Es gibt häufig die Vorstellung, dass dir, wenn du mit Gott gehst und wenn du ein gläubiger Mensch bist, dann nichts Schlechtes widerfährt. Aber dem ist nicht so.

Es ist uns nirgends in der Bibel verheißen, dass wir auf dieser Seite der Ewigkeit ein Leben ohne Leid führen werden. Wir glauben das trotzdem immer wieder. Dann werden wir bitter gegen Gott und sagen: „Wie kann das überhaupt möglich sein?" Aber es ist ein normaler Bestandteil des normalen Lebens als Mensch. Und die Frage stellt sich ein bisschen: **„Wie versöhnt bist du mit dieser Tatsache? Auch mit der Tatsache, dass du Mensch bist?"** Und das heißt, dass du auch ein fehlbarer Mensch bist. Denn du wirst auf dieser Seite der Ewigkeit Fehler machen. Und unter anderem deswegen auch in Leid hineinkommen.

Wie tief hast du das schon an dich rangelassen, dass du ein Mensch bist? Ich möchte dir einfach nur sagen: Du bist Mensch, das heißt, du machst Fehler. Und das ist normal! Du wirst Leid haben

und manchmal wird es wehtun. Das ist normal. **Du wirst Tage haben, an denen es schwer ist. Das ist normal. Und das darf auch so sein.** Das ist auch okay. Es kann mal eine Phase geben, in der es dir schwerer fällt zu glauben als in einer anderen. Das ist okay. Und es kann Phasen geben, in denen deine Gesundheit, deine Beziehungen oder deine Finanzen angefochtener sind und sich alles mühsamer anfühlt. Auch das ist okay.

Das heißt noch nicht, dass Gott nicht mehr gut ist oder dass du dich total verlaufen hast. Das heißt einfach erst einmal nur, dass du ein Mensch bist und dass du ein normales Leben führst. Ich möchte dich etwas fragen: Wie sehr kannst du es dir selbst erlauben zu sagen: „Okay, manchmal ist es halt nicht einfach. Manchmal tut's weh. Manchmal gehen Sachen nicht schnell. Manchmal versage ich. Es ist einfach so. Das ist das Leben. Ich finde mich damit ab."

Letztendlich ist unser Leben in allen Momenten, bis zum Tod, immer wieder mit der Tatsache konfrontiert, dass wir sterblich sind. Dass Sachen nicht funktionieren. Dass wir nur Menschen sind. Und das totale Scheitern ist im Letzten der Tod. Dann werden wir damit konfrontiert, dass wir Staub sind. Und dass wir unsere materielle Realität nicht eins zu eins in die Ewigkeit mitnehmen können. Das heißt, dass Sachen auch zerbrechen und nicht weitergehen.

Du bist Mensch, das heißt, du machst Fehler. Und das ist normal!

Ich betone es noch einmal: Wenn du selbst in einer leidvollen Situation bist, wenn du selbst im totalen Schmerz drin bist, dann kannst du diesen Punkt nicht sehen. So ist es nun mal. Deshalb spreche ich es dir trotzdem nochmals zu: Es ist normal, dass es solche Phasen gibt. Es kommen auch wieder andere Phasen. Das musst du hören: Es kommen auch wieder andere Zeiten.

Was mich total bewegt und freut, ist einfach, **dass auch ganz massive Glaubenshelden solche Phasen hatten**. Paulus ist dafür bekannt, dass er ein Missionar war, dass er ein großer Verkündiger war. Aber im Vorbeigehen schreibt er im ersten Kapitel vom 2. Korintherbrief (2. Korinther 1,8):

Wir wollen euch die Not nicht verschweigen, Brüder, die in der Provinz Asien über uns kam und uns über alles Maß bedrückte. Unsere Kraft war erschöpft, so sehr, dass wir am Leben verzweifelten.

Er sagt dann nachher schon: „Der Herr hat uns gerettet.“ Aber erst einmal sagt Paulus interessanterweise: „Wir wollen euch die Not nicht verschweigen.“ Also sagt er damit: „Auch das sollt ihr wissen. Dazu wollen wir auch stehen. Wir hatten so viel Leid und es war so schwer, dass wir am Leben verzweifelt sind.“

Das heißt auf Deutsch gesagt: „Wir haben überhaupt nicht mehr gehofft, dass wir da noch lebend rauskommen. Oder dass es sich noch lohnt, hier weiterzukämpfen.“ Auch hier wieder, ich möchte das deutlich machen: **Ein Leben ohne Leid, ein Leben ohne Tränen, ohne Schmerz zu führen, ist nicht erstrebenswert.** Denn das heißt in der Regel, dass wir auch weniger geduldig, weniger mitfühlend, weniger barmherzig mit anderen Menschen wären. **Das ist nicht wirklich erstrebenswert. Außerdem glauben wir dann zunehmend, dass wir Gott nicht bräuchten.** Und das ist nicht wirklich erstrebenswert.

Es ist normal, dass es solche Phasen gibt.

Es kommen auch wieder andere Phasen.

Deine Seele hat von Gott die Fähigkeit bekommen, leidvolle Dinge zu verarbeiten – genauso wie dein Körper die Fähigkeit hat, sich zu regenerieren. Aber eben nicht sofort.

2. Trauern und Klagen erlaubt

Eine zweite Sache, die ich einem trauernden Menschen – oder jemandem, der einfach durch eine harte Zeit geht – sagen würde und die ich überall in der Schrift finde, halte ich für sehr, sehr trostvoll. Das ist ganz einfach nur: **Trauern und klagen ist erlaubt.**

Am deutlichsten siehst du diese Wahrheit, wenn du die Psalmen liest. Ich finde das erstaunlich. Die Psalmen sind ja geschriebenes Wort Gottes, und sie sind seitenweise voll mit Klagen. Da klagt der Psalmist (Psalm 10,1; 22,3):

Herr, warum bleibst du so fern, verbirgst dich in Zeiten der Not? … Mein Gott, ich rufe bei Tag, doch du gibst keine Antwort; ich rufe bei Nacht und finde doch keine Ruhe.

Was mich hier total bewegt: **Indem der Psalmist klagt und trauert, verwandelt sich nach und nach**

seine Klage zu einem neuen Ja zu Gott. Aber das geht nicht sofort. Wir könnten ja meinen, ein Christ klagt gar nicht. Denn den Schmerz gibt er dem Herrn ab. Und dann ist es gut. Aber der Herr denkt da ein bisschen prozesshafter.

Leiden neigt dazu, zu vereinsamen.

Die menschliche Seele ist so geschaffen, dass Trauern zum Beispiel ein notwendiger Prozess ist, der auch Selbstheilungskräfte aktiviert.

Was heißt das? Deine Seele hat von Gott die Fähigkeit bekommen, leidvolle Dinge zu verarbeiten – genauso wie dein Köper die Fähigkeit hat, sich zu regenerieren. Aber eben nicht sofort. **Ein gesunder Trauerprozess ist nicht ungeistlich**, weil ein Christ ja nur jubelt. Ein gesunder Trauerprozess ist Teil dieses Selbstheilungsmechanismus deiner Seele. Und **Gott geht da mit uns mit.** Und zwar nicht, indem er sagt: „Werde da mal schnell fertig, damit du mich schnell wieder preisen kannst." Selbst dieses Klagende ist Teil von Lobpreis.

In den Psalmen ist diese ganze Fülle von Emotionen mit eingebaut. Auch dies: „Herr, ich klag dir mein ganzes Leid. Ich bring dir das." Der Trick dabei ist folgender: Leiden neigt dazu, zu vereinsamen. Das bedeutet: Wenn du viel leidest, beginnst du, in einen Monolog mit dir selbst zu kommen. Und dann dreht sich alles nur um sich selbst.

Allein indem du alles zu Gott klagst, bricht es auf und es wird Gebet daraus. **Auch wenn du Gott nur deine ganze Trauer, Wut und Enttäuschung entgegen schreien möchtest, dann tu das.** Er hält das aus.

Gott hat übrigens kein Problem mit seinem Selbstwertgefühl. Er hält es aus, wenn du sagst: „Herr, ich bin enttäuscht von dir. Ich verstehe das nicht. Ich habe Zweifel an dir." Er hält das wirklich gut aus. Es ist übrigens in jeder leidvollen Situation sowieso so: Das, was du wirklich nicht unbedingt brauchst, sind die schnellen Antworten.

Häufig fragen wir: „Herr, warum hast du das zugelassen? Warum muss das so sein?" Aber was du in erster Linie unbedingt brauchst, ist Frieden mit Gott! **Und es gibt einen Frieden mit Gott, der das Verstehen übersteigt.** Das bedeutet, dass du sagst: „Ich verstehe es noch immer nicht. Aber, Herr, ich bring dir meine Trauer, meine Enttäuschung, meine unerfüllten Wünsche, meine Sehnsüchte. Herr, aber ich kann mit dir im Gespräch sein, und darin ist ein gewisser Friede."

Das bedeutet nicht, dass es sofort nicht mehr weh tut. Aber es bedeutet, dass nach und nach Friede kommen kann. Man kann in diesem Prozess von Trauern und Klagen auch Folgendes zu Gott sagen: „Ich gehe nicht weg, Herr, bis du mir hier eine Antwort gibst." Das ist ein bisschen die Haltung, die auch Hiob hatte.

Da kommen die ganzen Jungs und wollen ihn trösten und er sagt „Nein, nein, ich will von Gott selbst hören."

Und das ist eine gute Haltung, dass du sagst: „Herr, ich brauch eine Begegnung mit dir an diesem Punkt." Denn genau das wartet auf dich – eine neue Begegnung.

3. Zeit für eine neue Begegnung

Ich will euch eine kurze Geschichte aus dem Leben des Propheten Elija erzählen. Es ist eine wahnsinnig interessante Erzählung über einen der großen Männer des Glaubens.

Elija kommt witzigerweise gerade von seinem größten Sieg. Er hat alle möglichen Baals-Priester umbringen lassen, es kam Feuer von Himmel. Doch dann passiert auf einmal etwas Seltsames. Das ist auch psychologisch tatsächlich bedeutsam: **Häufig kommt nach großen Erfolgen, wenn man sich vielleicht ein bisschen zu sehr ausgepowert hat, auf einmal irgendetwas ganz Kleines – und du sackst in dich zusammen.**

Das war bei Elija auch so. Es gibt eine Todesdrohung. Königin Isebel sagt: „Ich mach dich fertig!" Der Mann Gottes, der gerade noch gesehen hat, dass Feuer vom Himmel fällt und dass der Herr die Feinde vernichtet, hat auf einmal Angst vor dieser einen Frau.

Auf einmal klappt die ganze Welle von Entmutigung über ihn herein und er sagt (1. Könige 19,4):

... ich bin nicht besser als meine Väter.

Und alles taugt nicht mehr. Und er sagt (1. Könige 19,10):

„Mit leidenschaftlichem Eifer bin ich für den Herrn, den Gott der Heere, eingetreten, weil die Israeliten deinen Bund verlassen, deine Altäre zerstört und deine Propheten mit dem Schwert getötet haben. Ich allein bin übrig geblieben und nun trachten sie auch mir nach dem Leben."

Interessant ist, dass Elija dies so sehr betont. „Eifernd habe ich geeifert für den Herrn" – so heißt es im Hebräischen. Da ist dieses doppelte Eifern. Und wenn man die Schrift so durchliest, muss man sich die Frage stellen: **„Vielleicht hat Elija zu viel geeifert?"**

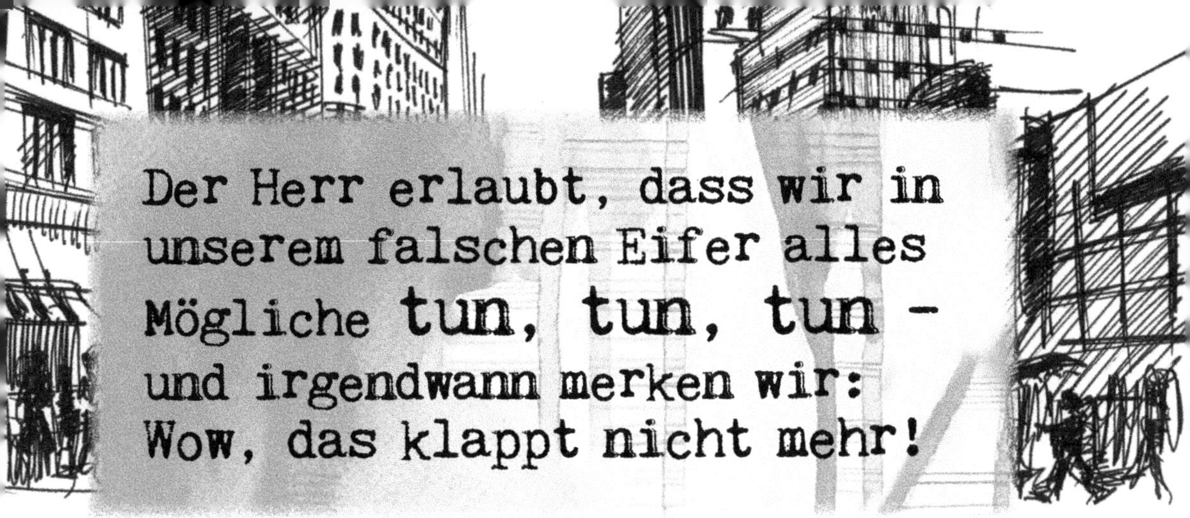

Der Herr erlaubt, dass wir in unserem falschen Eifer alles Mögliche tun, tun, tun – und irgendwann merken wir: Wow, das klappt nicht mehr!

Denn es stand zum Beispiel überhaupt nirgends drin, dass er diese Baals-Priester hätte umbringen lassen sollen. Das war sein eigener Eifer. Das war sein eigener, vielleicht fanatischer Wille, hier ein deutliches Exempel zu statuieren.

Häufig ist es in unserem Leben so, dass der Herr erlaubt, dass wir in unserem falschen Eifer alles Mögliche tun, tun, tun – und irgendwann merken wir: Wow, das klappt nicht mehr! Dann landen wir so wie Elija am Berg Horeb und sagen: Okay, jetzt bin nur noch ich übrig. Es bringt alles nichts mehr.

Doch was dann passiert, ist interessant: Es passiert dann nämlich diese Geschichte, als Gott sagt: **„Stell dich auf deine Füße und komm vor die Höhle raus."** Was dann passiert, kennt ihr vielleicht aus der Kinderbibel oder so: Da ist erst ein Feuer, dann ein Erdbeben und ein mächtiger Wind, dann so ein Sturm kommt. Doch in alledem ist der Herr nicht. Und dann kommt ein leises, sanftes Säuseln – und in diesem Säuseln ist der Herr. Der Herr begegnet Elija auf eine neue Art und Weise (1. Könige 19,11-13).

Der Herr antwortete: Komm heraus und stell dich auf den Berg vor den Herrn! Da zog der Herr vorüber: Ein starker, heftiger Sturm, der die Berge zerriss und die Felsen zerbrach, ging dem Herrn voraus. Doch der Herr war nicht im Sturm. Nach dem Sturm kam ein Erdbeben. Doch der Herr war nicht im Erdbeben. Nach dem Beben kam ein Feuer. Doch der Herr war nicht im Feuer. Nach dem Feuer kam ein sanftes, leises Säuseln. Als Elija es hörte, hüllte er sein Gesicht in den Mantel, trat hinaus und stellte sich an den Eingang der Höhle.

Das einzige, was dich wirklich retten kann und was dich wirklich ein Stück weiterführen kann, ist eine neue Berührung mit Gott.

Wo immer du in einem Scheitern, in einer Situation von Schmerz bist, ist eigentlich Zeit für eine neue Begegnung. Damit meine ich: Das einzige, was dich wirklich retten kann und was dich wirklich ein Stück weiterführen kann, wenn du in einer Sackgasse bist – wenn du auf Grund gelaufen bist –, ist eine neue Berührung mit Gott.

Doch das ist nie das Gleiche, wie das, was du vorher schon hattest. Du musst – sozusagen auf der anderen Seite der Klagemauer, jenseits dieses Schmerzes, den du mit dem Herrn durcharbeitest und durchringst – ihm auf eine neue Art und Weise begegnen. **Aber das braucht Zeit.**

Eine innere Haltung kann so sein wie die von Israel, der zuvor noch Jakob genannt wurde. Er, der mit Gott ringt und sagt (1. Mose 32,27):

„Ich lass dich nicht los, wenn du mich nicht segnest!“

Du kannst zum Herrn sagen: „Herr, ich lass dich nicht los. Ich gehe nicht von dir weg, bis du mich segnest. Ich geh auch von hier nicht weg, von diesem Punkt, bis du mir begegnest. Bis du mir neu begegnest, bis du mir zeigst, wo du in all dem warst, in diesem Desaster."

Und ich möchte es dir deutlich zusprechen: Wenn du in eine neue Phase deines Lebens kommst, vielleicht auch in eine neue Phase von Leid, dass du sagst: „Oh, ich war noch nie konfrontiert mit Leid und Scheitern in meinem Leben. Mir ist noch nie passiert, dass dies und das auf einmal so war" – **dann wartet dort auch eine neue Begegnung mit Gott auf dich.**

Interessant ist, dass wir in der Regel durch Leid für eine neue Begegnung mit Gott bereit werden. Und durch Scheitern. **Weil wir erst im Scheitern merken, dass wir unser Herz an etwas Falsches gehängt haben.** Tatsächlich bemerkt Elija erst in diesem Moment des Scheiterns, dass er vielleicht ohne Gott vorgeprescht ist.

Das ist einfach eine Wahrheit, die sehr, sehr, sehr traurig ist und weh tut. **Aber in dem Maße, in dem wir unser Herz an falsche Dinge hängen, in dem Maße tut es weh, wenn der Herr erlaubt, dass diese Dinge erschüttert werden**. Nochmals: In dem Maße, in dem wir unser Herz an irgendetwas hängen – an unseren Lieblingstraum oder eine Lieblingssucht oder unseren kleinen Lieblingsgötzen –, in dem Maße fügen wir uns selbst Schmerz zu, wenn genau das erschüttert wird.

Oft sind die
richtig
schlechten Zeiten
die besten.

Der Herr erlaubt das, um uns zu trainieren, unser Herz an ihn zu hängen. Aber es ist normal, es ist menschlich, dass wir das nicht eins zu eins schaffen. **Es ist menschlich, dass wir immer wieder merken: O nein, ich habe mein Herz an etwas Falsches gehängt. Deswegen tut's weh.** Es ist tatsächlich so: Wenn dein Herz an etwas Falschem hängt, dann bekommt der Feind auch das Recht zugestanden, dich zu foltern. Weil du dich außerhalb des Schutzraumes Gottes bewegst. Das werden wir uns nachher noch genauer anschauen.

Du bist nur an dem Ort sicher, an dem der Herr deine letzte Sicherheit ist. Das werden wir nachher in Teil B noch anschauen. Aber erst einmal ist ganz wichtig: Elija kommt nur durch diese Phase von Zerbruch zu dieser neuen Begegnung. So ist es in unserem Leben auch häufig.

Ich bin der Meinung, dass sich der folgende Satz bewahrheitet: Die schlechten Zeiten sind nicht immer die schlechtesten. Oder anders gesagt: Oft sind die richtig schlechten Zeiten die besten.

Es ist wirklich wahr: Wenn du auf dein Leben zurückblickst, gibt es Zeiten, in denen alles gut läuft, weil es glatt läuft. An die erinnert man sich fast nicht mehr. Man würde vielleicht darüber sagen: „Ja, es war okay. Da hab ich halt gearbeitet und so ..." **Aber die Zeiten, die markant sind – die unser Leben nachhaltig verändern –, sind häufig die, während denen es sehr weh getan hat.**

Wir bewerten sie im Rückblick ganz anders. Wenn du mitten drin bist, glaubst du das nicht oder denkst: „Tja, das hört sich toll an. Aber es ist nur eine Theorie." Doch es ist trotzdem die Wahrheit. Im Rückblick sind es oft diese **Zeiten, die uns reifer, tiefer, echter, verfügbarer für Gott machen und uns deswegen für eine neue Begegnung mit ihm öffnen.** Das ist tatsächlich so.

4. Er kennt dein Leid

Eine der größten, Trost stiftenden Aussagen überhaupt über Leid will ich dir jetzt sagen. Es ist **die simple und unendlich tiefe Aussage, dass Gott dein Leid kennt**.

Erinnern wir uns an die Überschrift von Teil A: „Der Wert schwerer Zeiten“. Eine der wertvollsten Erkenntnisse von Leid ist die Tatsache, dass Gott dein Leid kennt. Auch dieses Leid ist etwas, das dich mit ihm verbindet. Denn Gott weiß, was Leid ist.

Paulus nennt Gott auf unglaublich schöne Weise im gleichen Kapitel, das wir vorher schon angeschaut haben, wie folgt (2. Korinther 1,3-4):

Gepriesen sei der Gott und Vater Jesu Christi, unseres Herrn, der Vater des Erbarmens und der Gott allen Trostes. Er tröstet uns in all unserer Not …

und dann geht er weiter:

… damit auch wir die Kraft haben, alle zu trösten …

Hier wird Gott der Gott des Erbarmens und der Gott allen Trostes genannt. Ich will euch ein paar wunderschöne Beispiele dieses Prinzips zeigen. Beispiele, **dass er der Gott des Trostes ist**, dass er es liebt zu trösten und dass er Leid kennt.

Natürlich ist dein Leid dadurch noch nicht weg, wenn du weißt: Gott kennt es. Aber auch hier gilt wieder: Der tiefste Schmerz ist nicht, zu leiden, der tiefste Schmerz ist, einsam zu leiden. Der tiefste Schmerz ist zu glauben, dass mein Leid sinnlos ist. Das macht einsam und es bringt nichts, es führt zu nichts.

Es ergibt eine radikale Veränderung, weil Gott uns zeigt: **Du leidest, aber du bist nicht allein**. Du leidest nicht umsonst und du leidest nicht ziellos. Überhaupt nicht ziellos. Das ist die große Hoffnung.

Lasst uns das anschauen, es ist so schön. Ich lese gerade in meiner persönlichen Zeit mit Gott die Bücher Mose. Als ich vor ein paar Wochen in Genesis, also im ersten Buch Mose war, **habe ich solch eine Stelle gelesen, über die man ganz oft darüber liest**.

Da gibt es Jakob, der zwei Frauen hat. Das war eine ein bisschen ungeschickte Geschichte. Jakob wollte Rahel heiraten. Doch in der Kultur damals war es üblich, dass erst die ältere Tochter verheiratet wird. Laban, der Vater der Braut hat Jakob zunächst die Ältere, Lea, untergeschoben. Aber die war nicht so hübsch.

Gehen wir einen Schritt zurück: Wie fühlst du dich als Frau, wenn du so – praktisch versehentlich – geheiratet wurdest? Also, es ist schon wirklich eine dumme Situation. Du bist die weniger Schöne; du weißt, du bist zweite Wahl. Aber du kannst nicht anders, denn du wirst in dieser Kultur verheiratet. Das ist eigentlich schon eine echt massive Situation. Und Lea? Über Lea wird ausgesagt, dass Jakob Rahel geliebt hat – und Lea gab es halt auch noch. Doch dann gibt es einen kleinen Nebensatz, den man leicht übersehen kann. Er steht im 29. Kapitel (1. Mose 29,31):

Als der Herr sah, dass Lea zurückgesetzt wurde, öffnete er ihren Mutterschoß, Rahel aber blieb unfruchtbar.

Gott kennt dein Leid!

Auf Deutsch gesagt kommt dann raus: Gott hat ihr viele Kinder geschenkt. Aber das Entscheidende, was ich hier finde, ist diese simple Aussage: **Gott sieht, dass hier jemand weniger geliebt wird**.

Das bewegt mich sehr. Er ist der Herr des Himmels und der Erde; er könnte auch sagen: „Hey, sei froh, dass du überhaupt einen Mann hast." Oder sonst was. Aber er schaut runter und sagt: „Hey, Moment, mir entgeht es nicht, dass du weniger Liebe von Menschen abbekommst. Und mich bewegt das tatsächlich. Mich bewegt es, deshalb werde ich handeln."

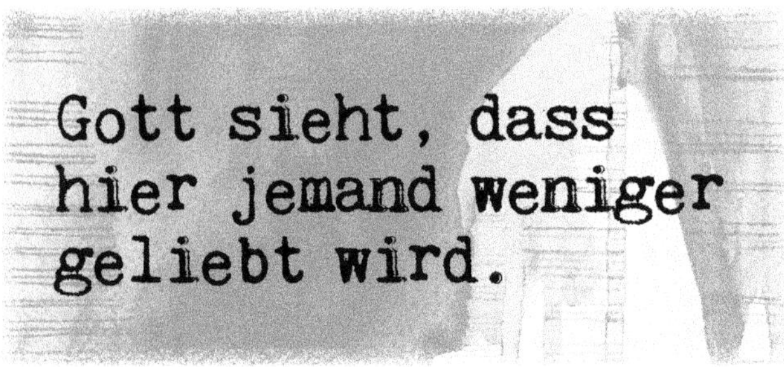

Das sagt mir so viel über Gott. Er könnte auch sagen: „Das ist halt Gerechtigkeit. Jeder bekommt in etwa das Gleiche. Jetzt lerne, damit umzugehen." Ja, das auch. Aber erst einmal sagt er: „Mir fällt es auf. Du bist zu kurz gekommen, du wirst weniger geliebt."

Der Herr ist einer, der Leid bemerkt. Jesus genauso. Du musst mal in den Evangelien lesen, immer wenn da steht: „Jesus sah …" Dann kommen die interessantesten Aussagen!

Zum Beispiel Lukas 7,11-15:

Und es geschah bald darauf, dass er in eine Stadt ging, genannt Nain, und seine Jünger und eine große Volksmenge gingen mit ihm. Als er sich aber dem Tor der Stadt näherte, siehe, da wurde ein Toter herausgetragen, der einzige Sohn seiner Mutter, und sie war eine Witwe; und eine zahlreiche Volksmenge aus der Stadt war mit ihr. Und als der Herr sie sah, wurde er innerlich bewegt über sie und sprach

zu ihr: Weine nicht! Und er trat hinzu und rührte die Bahre an, die Träger aber standen still; und er sprach: Jüngling, ich sage dir, steh auf! Und der Tote setzte sich auf und fing an zu reden; und er gab ihn seiner Mutter.

Der Sohn einer Witwe stirbt und wird gerade beerdigt, es ist der Jüngling von Nain. Jesus sieht, dass er der einzige Sohn ist, dass sie eine Witwe ist. Er geht hin und weckt ihn von den Toten auf. Wahrscheinlich sind zu der damaligen Zeit viele Leute gestorben, aber Jesus sieht diese Situation und sagt: „Moment, das ist ja dein einziger Sohn. Und du hast auch keinen Mann mehr." Es geht ihm nahe.

Oder an einer anderen Stelle (Johannes 5,2-9):

Es ist aber in Jerusalem bei dem Schaftor ein Teich, der auf Hebräisch Betesda genannt wird, der fünf Säulenhallen hat. In diesen lag eine Menge Kranker, Blinder, Lahmer, Dürrer. Es war aber ein Mensch dort, der achtunddreißig Jahre mit seiner Krankheit behaftet war. Als Jesus diesen daliegen sah und wusste, dass es schon lange Zeit so mit ihm steht, spricht er zu ihm: Willst du gesund werden? Der Kranke antwortete ihm: Herr, ich habe keinen Menschen, dass

Jesus hat
nicht nur gelebt,
sondern auch
gelitten.

er mich, wenn das Wasser bewegt worden ist, in den Teich werfe; während ich aber komme, steigt ein anderer vor mir hinab. Jesus spricht zu ihm: Steh auf, nimm dein Bett auf und geh umher! Und sofort wurde der Mensch gesund und nahm sein Bett auf und ging umher. Es war aber an jenem Tag Sabbat.

Hunderte von Kranken überall am Teich Betesda. Jesus geht rein und dann heißt es: Als Jesus sah, dass er schon lange krank war. Moment, Jesus **geht in ein überfülltes Krankenhaus und bemerkt: Du liegst schon lange da**. Die anderen liegen noch nicht so lange da. Man sieht dir an, dass du schon lange da liegst. Und in Jesus rattert es: Das sind Jahre, die du hier liegst. Du hoffst auf Heilung und nichts ist passiert. Jesus könnte sich auch hinstellen, eine Predigt halten und dann sagen: „Wir machen Gebetsteams und jeder betet für jeden." **Stattdessen bemerkt er diese eine Person** und sagt: „Moment, das ist unglaublich, du leidest. **Du leidest!**"

Jesus sah, wie Maria um Lazarus weinte und wie auch die Juden weinten – da weinte er auch (Johannes 11,33-35).

Als nun Jesus sie weinen sah und die Juden weinen, die mit ihr gekommen waren, ergrimmte er im Geist und wurde erschüttert und sprach: Wo habt ihr ihn hingelegt? Sie sagen zu ihm: Herr, komm und sieh! Jesus weinte.

Ihm geht das Leid persönlich nahe. Gott geht das Leid persönlich nahe. Und zwar nicht nur, weil er Gott und allwissend ist, sondern **aufgrund persönlicher Bekanntschaft**. Das ist so wichtig.

Schau, ich kann als Mensch Leiden bis zu einem gewissen Grad verstehen, **aber in der Regel verstehen wir nur das Leiden, das wir selbst erlebt haben**. Das ist das Wunderbare daran, wenn du mit jemandem sprichst, der etwas Ähnliches erlebt hat. Aber nur in dem Maße, in dem jemand Leiden selbst erlebt hat, kann er das verstehen.

Ich weiß nicht, wie es sich anfühlt, eine Amputation zu haben. Ich weiß nicht, wie es sich anfühlt, durch eine Chemotherapie gehen zu müssen. Ich weiß nicht, wie es sich anfühlt, den Ehepartner zu verlieren. Ich weiß nicht, wie es sich anfühlt, im Krieg zu sein. Das könnte ich beliebig fortsetzen. **Weil ich noch nicht in diesen Situationen war**.

Im Zuge dessen ist es so bedeutsam, sich vor Augen zu halten, **was es heißt, dass Jesus als wahrer Mensch und wahrer Gott gelitten hat.** Warum ist das bedeutsam? Weil unsere Leidensfähigkeit als Menschen begrenzt ist. Du kannst nur einen Tod sterben. Das ist ja auch erfreulich. Das Maß an körperlichem Leiden ist begrenzt. Irgendwann wirst du ohnmächtig, das ist einfach so.

Jesus hat nicht nur gelebt, sondern auch gelitten. Zunächst einmal als wahrer Mensch, das heißt, da war kein Trick dabei. Jesus hat es genauso wehgetan, wie es dir wehtun würde, Nägel durch die Hände geschlagen zu bekommen. **Und gleichzeitig hat er als wahrer Gott gelitten, das heißt als einer, der die Summe des menschlichen Leidens persönlich kennenlernen kann.**

Er ist mit jedem Schmerz vertraut.

Wir lesen das am schönsten in einem der sogenannten Gottesknechtslieder bei Jesaja in Kapitel 53,3:

Er war verachtet und von den Menschen verlassen, ein Mann der Schmerzen und mit Leiden vertraut, einer, vor dem man das Gesicht verbirgt. Er war verachtet, und wir haben ihn nicht geachtet.

Was mir besonders wichtig ist, ist diese Aussage: Er ist der Mann der Schmerzen. Das ist eine viel krassere Aussage,

als nur zu sagen: Er ist ein Mann, der manchmal Schmerzen hatte. Über Jesus wird gesagt: **Er ist der Mann aller Schmerzen.**

Ja, er ist der siegreiche König. Ja, er ist der Auferstandene. Auch das. Aber wenn du Schmerzen hast und wenn du zu jemandem sprichst, der Schmerzen hat, dann erhebe den Blick der Person zum Kreuz und sage: **Er ist der Mann aller Schmerzen.** Er ist mit jedem Schmerz vertraut. Mit jedem!

Mit dem Schmerz, ein Kind zu verlieren. Mit dem Schmerz, körperlich durch das Schrecklichste zu gehen. Im Krieg zu sein, Verfolgung, Heimatlosigkeit, Einsamkeit zu erleben. Er ist der Mann aller Schmerzen. Er weiß zutiefst, was es ist.

Glaube nie, er wüsste das nicht. Sag nie: „Ok, Gott. Du sitzt auf deinem Thron." Nein, er weiß, was es heißt zu leiden. **Er kennt dein Leid. Er kennt deinen Schmerz.** Und er spielt es nicht runter, wie es manche Leute tun: „Stell dich nicht so an!" Das tut er nicht. Er versteht zutiefst, was es heißt und was es bedeutet.

Im Letzten – kleine Seitenbemerkung zu dem Thema Leid – **im Letzten sind die tiefsten emotionalen Leiden, die wir haben, immer emotionale Verletzungen, die wir aus der Kindheit mittragen und die durch neue Situationen wachgerufen werden.** Die massiven emotionalen Nöte, die so laut schreien, sind deswegen so heftig, weil sie uns mit ganz, ganz tiefen Grundverletzungen aus der Kindheit konfrontieren. Doch es gibt nur einen, der dies verändern kann. An diesem Punkt kann nur eine neue Offenbarung der Vaterliebe Gottes Veränderung schenken.

Deswegen ist es entscheidend wichtig, dass du weißt: Du, **Vater, Jesus und Heiliger Geist, Tröster, du kennst zutiefst diesen Schmerz** und du bist der einzige, der ihn wirklich berühren und verändern kann.

5. Das Evangelium für Arme

Diese Aussage der Überschrift finde ich so schön.

Neulich habe ich einen Brief bekommen, der mich total erschüttert und bewegt hat. Ein Mann hat mir seinen ganzen Schmerz, seinen Frust und seine Bitterkeit gegen Gott geschrieben. Der Brief ging etwa in die Richtung: „**Sie haben ja gut predigen.** Sie können da vorn stehen und vom lieben Herrn Jesus reden. Was haben Sie denn im Leben erlebt? Sie haben doch noch nie Leid erlebt. Sie sollten mal in meiner Haut stecken!"

So hat er seine ganze Verzweiflung hingeschrieben. Und mich hat das total getroffen. Ich habe mir überlegt, was dieser Mensch wohl alles erlebt haben muss. Und so sehr ich ihm Recht geben muss – ich weiß wirklich nicht, durch was du gegangen bist und **wer bin ich, zu sagen, dass ich da an deiner Stelle leicht durchgehen könnte?** – so sehr muss ich aber auch sagen: Da ist ein Irrtum drin.

Der Irrtum lautet, dass Glauben etwas für Schönwetter sei. Manche Leute glauben das tatsächlich. Manche Leute denken: „Die Christen und ihr Auf-Gott-vertrauen. Na klar, das kannst du, wenn es gut läuft. Aber da solltest du mich mal sehen!"

Doch die Wahrheit ist genau andersherum. Die Wahrheit ist: **Das ganze Evangelium – alles, was in diesem Buch steht – ist für Leute in Not gemacht und geschrieben.**

Es ist wichtig, sich dies vor Augen zu halten. Wenn du mal schaust: Jesus hält eine Antrittspredigt in Nazareth. Er zitiert eine alttestamentliche Stelle, in der beschrieben wird, welche Salbung Jesus trägt. Hier wird beschrieben, was das Mission Statement von Jesus ist. Jesus liest vor (Jesaja 61,1):

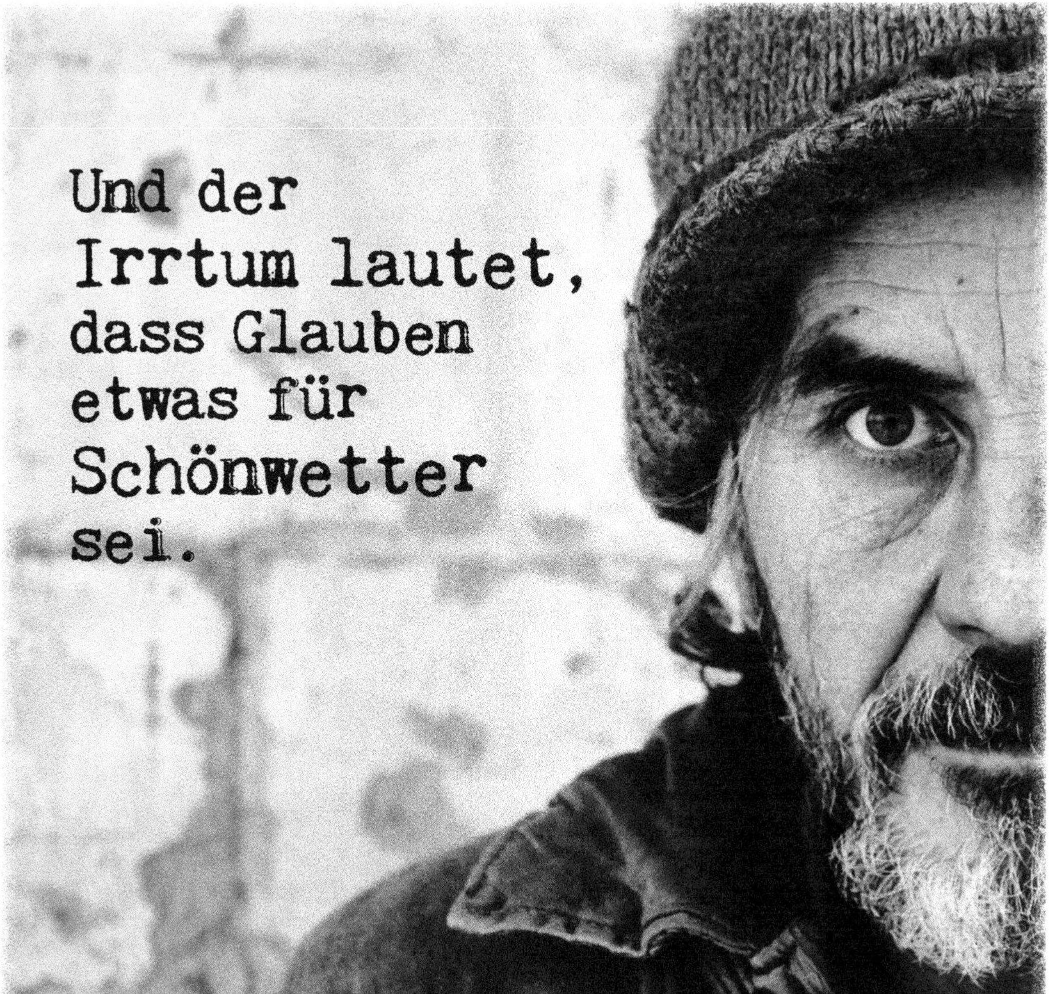
Und der
Irrtum lautet,
dass Glauben
etwas für
Schönwetter
sei.

Der Geist Gottes, des Herrn, ruht auf mir; denn der Herr hat mich gesalbt. Er hat mich gesandt, damit ich den Armen eine frohe Botschaft bringe und alle heile, deren Herz zerbrochen ist, damit ich den Gefangenen die Entlassung verkünde und den Gefesselten die Befreiung.

Das Evangelium von Jesus ist ein Evangelium für die Armen. Wir neigen oft dazu, dies zu vergessen. Denn je mehr du fromme Bücher und theologische Literatur liest, desto mehr könnte man meinen: Man muss ganz schön gescheit sein, alles Mögliche darüber zu wissen. Es ist für Leute, die mehr aus ihrem Potenzial machen wollen und die die Welt verändern wollen. Menschen, die in der Gesellschaft Einfluss für christliche Werte nehmen. Ja, auch. Absolut und total.

Aber der Erstadressat der Botschaft Jesu ist immer derjenige, der einen Retter braucht. Jesus geht sogar so weit zu sagen (Lukas 5,31):

Nicht die Gesunden brauchen einen Arzt, sondern die Kranken.

Jesus sagt: Wenn du gerade gesund bist und allein zurechtkommst, bin ich gerade gar nicht zuständig. **Jesus ist für Menschen gekommen, die Probleme haben.**

Der Erstadressat der Botschaft Jesu ist immer derjenige, der einen Retter braucht.

Das finde ich so mächtig, denn das kenne ich selbst: Wenn du in Leiden bist, wenn Sachen nicht gut laufen, dann kommt man ins Fragen: **Bin ich dann überhaupt richtig dabei? Denn allen anderen geht's ja gut.** Die heben immer die Hände im Lobpreis und die scheinen so übers Leben zu gleiten.

Viele Leute glauben so etwas. Auch der, der diesen vorn erwähnten Brief geschrieben hat. Man glaubt, dass derjenige, der da vorn steht und predigt oder den Lobpreis leitet, die Sorgen eines Sterblichen offensichtlich nicht kennt.

Das denken wir immer voneinander. Du denkst immer: Ich bin der Einzige, der dieses Problem hat. Aber wenn du mit vielen Leuten redest, merkst du, dass das jeder denkt. **Jeder denkt, er sei der Einzige, der das Problem hat.** Aber die Wahrheit ist, dass wir alle arm sind. Die Wahrheit ist, dass wir alle krank sind und Jesus brauchen. Und die Wahrheit ist auch, dass dies für Jesus ok ist. Denn genau dafür ist er gekommen. Das ist echt ok.

Aber die Wahrheit ist, dass wir alle arm sind. Die Wahrheit ist, dass wir alle krank sind und Jesus brauchen.

TEIL B

Was tun im Schmerz?

1. Komm zu Jesus

In diesem Teil B des Buches wollen wir anschauen, was wir konkret tun können.

Ich habe weiter vorne gesagt: **Es gibt einen Wert in harten Zeiten.** Es ist normal. Du darfst trauern und klagen. Auch harte Zeiten bringen dich in eine Position, Gott neu begegnen zu können. Er kennt dein Leid, er will dich an diesem Punkt von Schmerz und Leid berühren. **Er ist tatsächlich ein Gott, der ein Evangelium für Trauernde und Leidende bringt.** Lasst uns ein bisschen konkreter anschauen: Was tun im Schmerz?

Wie hältst du dein Herz?

Auch hier gilt wieder: Diese Dinge sind für dich selbst wichtig, aber auch um es weiterzugeben. Ich habe ganz viele Podcasts im Internet. Doch es gibt einen, der bei iTunes am häufigsten gehört wird: Das ist der Podcast, der schlicht und ergreifend lautet: **Warum lässt Gott das Leid zu?** Dieses Thema bezüglich Leid – Wie gehen wir mit Leid und Schmerz um? – ist so essenziell in der Erfahrung des Menschen, dass es wichtig ist, dass wir biblisch darüber Bescheid wissen.

Deshalb versuche ich, ein paar Anhaltspunkte zu geben. Was ich nicht behaupte, ist, dass das die Lösung für jede Situation beinhaltet. Ich spreche zum Beispiel nicht darüber, dass es manchmal sinnvoll ist, Hilfe von anderen Menschen, professionellen Seelsorgern oder in einer Therapie zu suchen. Oder andere Hilfe – wie eine Schuldnerberatung, wenn du in finanzieller Not bist – in Anspruch zu nehmen.

Mir geht es jetzt erst einmal nur um die Frage: Wie hältst du dein Herz? Wie gehst du mit deinem Herzen vorwärts? Das heißt nicht, dass damit alle anderen Lebensbereiche schon abgedeckt sind.

Das Erste ist das Simpelste und zugleich das Wichtigste. Etwas, das wir ständig vergessen. Deswegen wiederhole ich es gerne. Jesus sagt in Matthäus 11,28:

Kommt alle zu mir, die ihr euch plagt und schwere Lasten zu tragen habt. Ich werde euch Ruhe verschaffen.

Es ist zunächst einmal schön, dass Jesus das sagt. Jesus sagt: „Ich bin zuständig für die, die Lasten zu tragen haben. Für die, die sich plagen, die sagen: Es geht gerade nicht mehr." Jesus sagt: „Ich bin zuständig! Mir wird nicht alles zu viel. Ich bin nicht gestresst. Ich bin nicht deprimiert oder so was. Du kannst gerne zu mir kommen. Es ist ok. Hier ist Platz. Komm!" Dieses erste ist so simpel, aber wir tun es trotzdem ganz oft nicht. Dabei ist es so einfach: **Komm zu Jesus.**

„Komm zu Jesus" bedeutet nichts anderes, als dass du mit ihm darüber sprichst. **Wir neigen dazu, erst einmal zu allen möglichen anderen zu kommen.** Wir kommen zu anderen Leuten und sind frustriert, dass keiner heute Abend Zeit hat. Oder dass keiner ans Telefon geht.

Oder wir werfen uns in etwas anderes hinein – in Medien oder Aktivitäten. **Wir versäumen häufig, einfach zu Jesus zu kommen.** Ich habe vorhin unter anderem geschrieben, dass klagen und trauern erlaubt ist. Aber **er** ist der Adressat von Klage und Trauer, nicht dein erweiterter Freundeskreis.

Denn sonst wirst du anfangen, Trost, Selbstbeweihräucherung und Bauchbepinseln bei anderen Leuten zu suchen. Das ist auch mal okay, es ist menschlich und verständlich. Aber im Letzten ist Jesus derjenige, zu dem du kommen kannst, der dein Tröster ist und der dein Freund ist.

2. Lerne, dich beim Herrn zu bergen

Ein zweites Prinzip ist ganz ähnlich: Wir lesen überall in der Schrift – speziell im Alten Testament – eine ganz wunderbare Eigenschaft Gottes, eine wunderbare Rolle Gottes, die ich persönlich sehr schätze. Im Psalm 9,10-11 zum Beispiel heißt es:

So wird der Herr für den Bedrückten zur Burg, zur Burg in Zeiten der Not. Darum vertraut dir, wer deinen Namen kennt; denn du, Herr, verlässt keinen, der dich sucht.

Der Herr ist ein starker Turm, er ist ein Fels. **Das Problem ist nur: Wir meinen manchmal, dass der Herr sich automatisch als Festung und Burg für uns zeigt.** Aber das ist nicht so. Sondern wir müssen lernen, uns tatsächlich bei ihm zu bergen.

Was heißt das? **Lerne, dich beim Herrn zu bergen.** Überall in der Bibel – überall – wird gesagt: Der Herr ist ein fester Turm, der Name des Herrn ist ein fester Turm, der Gerechte findet Zuflucht darin, der Herr ist ein starker Fels, der Herr ist meine Festung, der Herr ist mein starker Turm und so weiter.

Aber ein starker Turm bringt nur dann etwas, wenn du dich wirklich in diesen Turm hinein flüchtest. Und der Punkt ist: **Wir Menschen neigen dazu, uns überall sonst wohin zu flüchten.** Die Frage ist: Wohin flüchtest du dich, wenn deine Seele schreit? Und da gibt es eine ganze Palette von Dingen.

Man kann sich in Ablenkungen stürzen. Auch das ist manchmal normal. Wenn es mal ganz heftig ist, dann ziehst du dir einen schnulzigen Liebesfilm oder einen Actionfilm rein. Mach das! Aber langfristig kann das kein Halt für dein Herz sein.

> **Wohin flüchtest du dich, wenn deine Seele schreit?**

Wir flüchten uns in eine Beziehung oder in Freundschaften, **aber selbst das – nicht einmal ein geliebter Mensch – kann die Burg deiner Seele sein.** Wir stürzen uns in Arbeit oder wir flüchten uns in unsere Beschäftigungen. Wir flüchten uns in Tagträume, wir flüchten uns in Medien, wir ballern uns mit Medien zu und so weiter.

All das sind trügerische Burgen, das wirst du merken. Als Jesus in der Wüste ist und Hunger hat, stellt sich die Frage, auf wen er baut. Auf das Wort Gottes? Oder trickst er herum? **Wenn deine Seele weint, wenn es wehtut, wird diese Frage lebensentscheidend**: Herr, bist du wirklich meine Sicherheit? Bist du meine Burg oder bist du es doch nicht?

Du musst es selbst herausfinden. Das kann dir keiner abnehmen. Du kannst es in keinem Buch nachlesen. Ob du mit deinem Schmerz, mit deinen unerfüllten Sehnsüchten, mit deiner Einsamkeit, mit deiner Verzweiflung wirklich beim Herrn aufgehoben bist – das musst du selbst herausfinden. Ob du ins Leere fällst oder ob du merkst, dass dein Leben wieder Gestalt annimmt und dass du wieder Boden unter den Füßen bekommst, wenn du all das auf ihn wirfst, all deine Bestätigung, Liebe und Sicherheit bei ihm suchst – das musst du selbst herausfinden.

Herr, bist du wirklich meine Sicherheit?

Herr,
ich kann
mich zu dir
flüchten!

Aber ich kann dir sagen: **Wenn du das rausgefunden hast, hast du etwas zu erzählen.** Dann hast du etwas zu geben. Dann wirft dich so schnell nichts mehr um. Nicht der Betrug der Menschen, der Reichtum anderer oder das, was derjenige sagt und das, was andere tun. Wenn du für dich raus findest – und das ist natürlich ein Prozess –, dass der Herr eine feste Burg in Zeiten der Not ist, wie der Psalm sagt, **dann hast du ein lebenslanges Fundament.**

Ich spreche davon nicht vom Kopf her. Vom Kopf her wissen wir das bereits. Ich spreche von der emotionalen Seite. So dass du merkst: Herr, ich kann mich zu dir flüchten! Ich habe in dir einen Ort von Sicherheit, an den ich mich zurückziehen kann, an dem ich dann sicher bin.

Aber das geht nicht automatisch, nur weil es in der Bibel steht. Du musst lernen, dich beim Herrn zu bergen. **Du musst innere Wege in deinem Kopf bahnen, um zu sagen: Ich berge mich beim Herrn.** Das geht tatsächlich in Gedankenabläufen.

An was denkst du, wohin flüchtest du dich – auch mit deinem Kopf – wenn es hart auf hart kommt? In was träumst du dich hinein, um sicher zu sein? Das wird auf der Ebene deiner Gedanken und deiner Gefühle sehr, sehr praktisch.

Läuft in deinem Kopf so etwas ab wie: Herr, du bist meine Sicherheit. Du bist meine Burg. Du bist meine Burg und meine Festung, mein starker Turm, bei dem ich mich berge. **Das kann zunehmend automatisiert in deinem Inneren werden.**

Es kommen harte Zeiten, dann verläufst du dich. Okay. Aber dann checkst du es wieder: Ich habe mich ja nicht beim Herrn geborgen, sondern etwas anderes wurde meine Sicherheit. Aber wenn das abgekappt wird … dann wankt mein Leben! Das war meine ganze Sicherheit und jetzt wird die erschüttert.

Ja, wunderbar, dass sie erschüttert wird! **Jetzt erkennst du, dass der Herr nicht deine Sicherheit war.** Dass deine Sicherheit nicht in dir war.

Übrigens, das ist ganz wichtig: Im Herrn deine Sicherheit zu haben, fühlt sich ganz ähnlich an wie eine Sicherheit in dir selbst zu haben.

Es ist mir wichtig, Folgendes zu betonen: Im Herrn Sicherheit zu haben ist nicht komisch, irgendwo da draußen, religiös: Ich bin irgendwo in den Wolken verankert. **Nein, im Herrn deine Sicherheit haben heißt, zutiefst bei dir selbst zu wohnen und zu Hause zu sein in dem, wer du bist.** Nicht auf einer ständigen Wanderschaft, dass da draußen irgendwo die Sicherheit sein muss. Nein, die kommt mehr und mehr in dich hinein.

So dass du weißt: Ich bin in dem gegründet, wer ich bin. Ich bin geliebt als der, der ich bin. So fühlt sich das an, deine Sicherheit im Herrn zu suchen.

Ich bin in dem
gegründet,
wer ich bin.

Das ist schon
eigenartig,
denn eigentlich
liegt die
Sterblichkeitsrate
bei Menschen noch
immer bei
100 Prozent

3. Ewigkeitsperspektive

Eine der wichtigsten Dinge, die du im Schmerz tun und lernen kannst – und trotzdem das Unnatürlichste für uns Menschen –, ist, eine Ewigkeitsperspektive einzunehmen.

Ewigkeitsperspektive – was bedeutet das? Ich möchte nicht so sehr ins Detail gehen über diesen Punkt, aber meine Frau und ich wurden in einem speziellen Moment unseres Lebens – so von einem Tag auf den anderen – mit der Ewigkeit konfrontiert. Und **die Ewigkeit – oder die Tatsache, dass du sterben musst – ist nichts, woran wir Menschen normalerweise viel denken.**

Wir leben in dem komischen Rausch der Diesseitigkeit. Dann sind wir total überrascht, wenn jemand stirbt. Das ist schon eigenartig, denn eigentlich liegt die Sterblichkeitsrate bei Menschen noch immer bei 100 Prozent. Und trotzdem ist es immer wie so ein Erwachen: Oh, da ist jemand gestorben!

Wie kommt es, dass es so weit weg von uns ist? Es war in früheren Zeiten ein bisschen einfacher. **Die Leute waren viel mehr mit der Ewigkeit konfrontiert.** Doch wir sind es normalerweise nicht.

Ewigkeitsperspektive einnehmen.

Vor einigen Jahren war meine Frau schwanger. Auf einmal bekam sie eine Infektion und musste praktisch von einem Moment auf den anderen ins Krankenhaus. Ich saß irgendwo, bekam einen Handyanruf – und **innerhalb von einer Stunde hat sich mein**

Leben komplett gedreht. Gerade noch: „Ich bin Student und alles läuft gut. Wir erwarten unser zweites Kind. Wohnung in München, mache Jugendarbeit, nächstes Wochenende lehre ich irgendwo auf einem Jugendwochenende; alles läuft gut und in zwei Monaten wollen wir in den Urlaub fliegen ..."

Und von einer Stunde auf die andere: Möglichkeit 1 – wir verlieren unser Kind. Möglichkeit 2 – wir bekommen ein behindertes Kind und unser ganzes Leben verläuft anders. Möglichkeit 3 – ich verliere meine Frau. Möglichkeit 4 – meine Frau muss zwei Monate im Krankenhaus liegen und ich muss mein ganzes Leben mit Job, Uni und allem umstrukturieren.

Solche Sachen gibt es jede Menge. Überall erleben Leute ständig so etwas. **Schicksalsschläge, die von einem Moment auf den anderen das Leben komplett umwerfen.** Wir glauben das nicht, dass so etwas passiert, aber es kann in einer Sekunde passieren. Und dann merkst du, dass alles, das ganze Leben, auf Sand gebaut ist. Es kann heute da sein und morgen komplett weg.

Und das ist erst einmal total erschütternd und schrecklich. **Aber gleichzeitig birgt es eine Chance**, dass wir einen Blick für die Ewigkeit bekommen. Man kann sogar so weit gehen und sagen: Jede Erfahrung von Leid birgt die Möglichkeit, uns zu erinnern, dass es Ewigkeit gibt.

Jedes Leid hat eigentlich eine Botschaft an dich, die lautet: **Du bist hier nicht zu Hause.** Wir Menschen leben in einem Paradox. Jeder Mensch hat Sehnsucht nach Leben, Sehnsucht nach Liebe, Sehnsucht nach Erfüllung, Sehnsucht nach Gerechtigkeit. Doch dann erleben wir ein Leben lang: Kaum hat das Leben angefangen, wird man schon älter und dann wird man krank und stirbt. Kaum läuft es mal ein bisschen gut, kommt der nächste Schicksalsschlag. Kaum läuft es ge-

Jede Erfahrung von Leid
birgt die Möglichkeit,
uns zu erinnern,
dass es Ewigkeit gibt.

sundheitlich gut, kommt die nächste Krankheit.

Du hast den Eindruck, das Leben ist ständig umgeben von Tod. Und das ist die Wahrheit. All das ist die Erinnerung daran: Das ist noch nicht das Wahre. Not the real deal. Das ist nur das Vorspiel. **Es ist Trug und Dummheit, nur für das Diesseits zu leben, denn du bist für die Ewigkeit gemacht.** Es ist Grundevangelium schlechthin, das nicht mehr von den Kanzeln gepredigt wird, weil es sich seltsam nach Jenseitsvertröstung anhört. Aber es ist tatsächlich so. Du kannst ohne Blick auf die Ewigkeit unmöglich eine richtige Perspektive auf das Leben und auf das Leiden bekommen.

Es macht keinen Sinn, dass Menschen auf der ganzen Welt leiden. Es macht auch keinen Sinn, dass Menschen für Jesus leiden. Es macht keinen Sinn, dass die Märtyrer ihr Blut vergießen. Es macht keinen Sinn, dass Menschen in die Mission gehen und ihr Leben riskieren, wenn es keine Ewigkeit gibt. Aber es gibt eine Ewigkeit. **Das komplette menschliche Leben hätte keinen Sinn, wenn es keine Ewigkeit gäbe.**

Lasst uns deswegen anschauen, was die Schrift über die Ewigkeitsperspektive von Leid sagt (2. Korinther 4,17-18):

Denn die kleine Last unserer gegenwärtigen Not schafft uns im maßlosen Übermaß ein ewiges Gewicht an Herrlichkeit, uns, die wir nicht auf das Sichtbare starren, sondern

Not the real deal. Das ist nur das Vorspiel.

dass ich durch Leid gehe?" Die einfache Antwort vom Herrn ist: **„Mir ist dein Herz noch wichtiger, als dass es dir gut geht."**

Sag mal ehrlich, würdest du wirklich zum Herrn sagen: „Herr, ich will in erster Linie beliebt und reich sein. Aber dass mein Herz egoistisch und eng, geizig und unbeständig ist, das ist nicht so schlimm. Herr, bitte lass mein Herz egoistisch, engstirnig, eigennützig und unbeständig und bitte gib, dass ich mich gut dabei fühle." Willst du das denn wirklich?

nach den Unsichtbaren ausblicken; denn das Sichtbare ist vergänglich, das Unsichtbare ist ewig.

Alles Leiden kann eine Ewigkeitsperspektive und eine Ewigkeitsrelevanz haben. Es ist wichtig, dass du Leiden nicht nur nach dem, was hier los ist, bewertest. Wir haben die Vorstellung: „Herr, du meinst es doch gut mit mir. Warum lässt du zu,

Und der Herr sagt: „Nein, dein Auto nimmst du eh nicht mit in die Ewigkeit. Und deine körperlichen Schmerzen vergehen, aber dein Herz, deine Herzenshaltung, nimmst du in die Ewigkeit mit!"

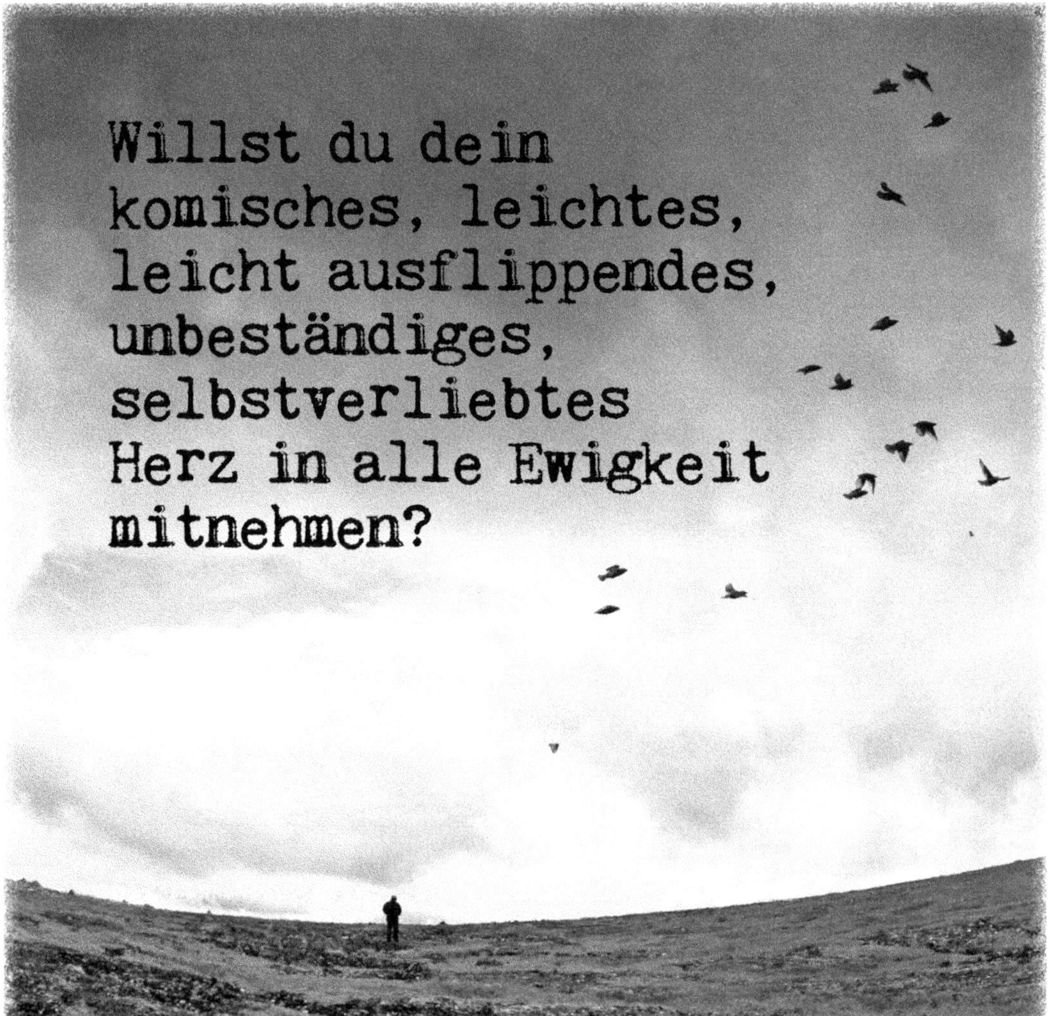
Willst du dein
komisches, leichtes,
leicht ausflippendes,
unbeständiges,
selbstverliebtes
Herz in alle Ewigkeit
mitnehmen?

Und der Herr sagt: „Okay, willst du dein komisches, leichtes, leicht ausflippendes, unbeständiges, selbstverliebtes Herz in alle Ewigkeit mitnehmen? **Ist das wirklich das, was du willst?**“ Dann sagst du: „Ne, Herr, eigentlich will ich, dass da noch etwas passiert.“ Und er antwortet: „**Dann musst du aber erlauben, dass auf dieser Seite der Ewigkeit nicht nur das passiert, was dir Spaß macht**, sondern auch das, was dein Herz erzieht und trainiert.“

Erziehen und trainieren hört sich nach Sport an. Das hört sich nicht so toll an, aber der Hebräerbrief spricht auf so eindrucksvolle Weise seitenweise davon (Hebräer 12,11):

Jede Züchtigung [nicht wie ein Vater, der sein Kind misshandelt; setz das Wort Training ein] scheint zwar für den Augenblick nicht Freude, sondern Schmerz; später aber schenkt sie denen, die durch diese Schule gegangen sind, als Frucht den Frieden und die Gerechtigkeit.

4. Die Frucht eines sanften, ausdauernden Herzens

Alles Leiden kann dich ein Stück bitterer, ein Stück beleidigter machen – auf die Welt und die Regierung, auf deine Frau und den Rest oder das Wetter. Oder es kann dich ein Stück milder machen, eine Stück weiterbringen.

Folgendes ist übrigens interessant: Die einzige Aussage, die Jesus je über sich selbst macht, wie er ist, lautet (Matthäus 11,29):

…ich bin gütig und von Herzen demütig …

Das ist extrem. Denn im Leiden merkst du, wie bitter Leute reagieren. Du hast die nettesten Leute der Welt in einem Team, aber wehe, du beschneidest jemanden mal kurz seiner Rechte. Du meinst es gar nicht böse, nur eine kleine Befindlichkeit. Dann kommt: „Wow, das ist gemein! Ich bin total beleidigt. Das kann überhaupt nicht wahr sein!“ Und du denkst: „Wow! Ganz ruhig …“

Leiden offenbart, was wirklich drin ist. Jesus sagt: „Das, was hauptsächlich bei mir der Fall ist – mein Herz ist demütig –, das bedeutet: Ich bin nicht leicht gekränkt. Das heißt, ich kann damit umgehen. Ich habe eine innere Weite, wenn jemand anderes bevorzugt wird, wenn ich übersehen werde.“ Das ist die Frucht, das lernst du in keinem Buch. **Das ist die Frucht einer guten Erziehung im Herrn.** Und ich nenne das die Frucht eines sanften, ausdauernden Herzens.

Denn im Leiden merkst du, wie bitter Leute reagieren.

Richte deinen Blick darauf. Entscheidend ist, dass das wächst. Gott hat eine Vision dafür, dass es dir gut geht. Verstehe mich nicht falsch; wir beten gerne im Gebetshaus auch darum, dass der Herr dich materiell versorgt. Aber noch wichtiger ist dem Herrn das, was in deinem Herzen abläuft. **Und er liebt demütige Herzen, er liebt geduldige Herzen.**

Gott hat eine Vision dafür, dass es dir gut geht.

Bleiben wir kurz beim Thema Geduld. Denn die Bibel ist voll von diesem Wert der Ausdauer. Ausdauer klingt nicht auf den ersten Blick so sexy, aber es ist für Gott extrem wichtig und ein extrem hoher Wert. Lies mal im Jakobusbrief (Jakobus 1,2-3):

Seid voll Freude, meine Brüder, wenn ihr in mancherlei Versuchungen geratet. Ihr wisst, dass die Prüfung eures Glaubens Ausdauer bewirkt.

Wie lesen genauso in Hebräer 10,35:

Werft also eure Zuversicht nicht weg, die großen Lohn mit sich bringt.

Oder Hebräer 12,1:

Da uns nun eine solche Wolke von Zeugen umgibt, wollen auch wir alle Last und die Fesseln der Sünde abwerfen. Lasst uns mit Ausdauer in dem Wettkampf laufen, der uns aufgetragen ist.

Ich möchte es sehr deutlich betonen: **Du brauchst Ausdauer!** Du wirst im Laufe deines Lebens – je älter du wirst – nicht weniger Ausdauer brauchen, sondern eher mehr. Doch die natürliche Verfassung des menschlichen Herzens, die größte Versuchung ist aufzugeben. Einfach aufzuhören, zu sagen. „Hey, was soll's." Das kann im

Großen passieren, dass du sagst: „Okay, das Ganze mit Glauben schmeiß ich über Bord."

Aber es gibt auch das kleine Aufgeben, dass du sagst: „Hey, weißt du was? Ich nehme es nicht mehr ganz so ernst. Ist doch nicht so schlimm. **Es sieht doch eh keiner. Ist nicht so tragisch.**" Immer mal langsam machen – und du verlierst dein Feuer. Hier wird deutlich gesagt: Nein, lauf mit Ausdauer. **Du hast eine Ewigkeitsperspektive. Gott erzieht das.**

Ich finde das schön, dass Gott nicht nur der Kuschel-Papa ist. Sondern er sagt: „Ich habe Interesse daran, dass dein Herz erwachsen wird. Dass dich nicht jedes kleine Ding umschmeißt." Das heißt nicht, dass du hart wirst. Sondern dass du eine Perspektive bekommst. Dass du sagst: „Okay, das tut weh. Aber ich blicke auf Jesus, den Urheber und Vollender meines Glaubens, der angesichts des Kreuzes die Schmach nicht verachtet hat, weil er wusste, was auf ihn wartet."

Ich hätte auch gerne eine Gesinnung zu sagen: „Heute werden Christen ihr Blut vergießen für Jesus." – Doch zugleich flippe ich aus, weil meine Frau mir den Kaffee falsch gemacht hat. Ich will mich nicht beschämen oder so etwas, aber ich will mein Herz trainieren, um zu sagen: „**Das ist ein Training, das ist ein Wettkampf. Das ist ein Lauf, den ich laufe, ein Übungsfeld.** Ich will, dass mein Herz aus diesem Training weiter hervorgeht, nicht enger, nicht komischer, nicht kleinlicher, nicht komplizierter, nicht mit meinem Befindlichkeiten behaftet." Sondern als jemand der sagt: „Da ist Leid und das nehme ich ernst. Ich will mich auch selbst in dem ernst nehmen. Aber ich will mir ein Herz schenken lassen – mehr und mehr, das sanft und ausdauernd ist. Das nicht so schnell den Frieden verliert."

Auch hier wieder: **Im positiv bewältigten Leiden bekommst du ein Herz, das milde für andere wird.** Deswegen möchte ich das sehr deutlich

Du wirst im
Laufe deines Lebens
- je älter du wirst -
nicht weniger Ausdauer
brauchen, sondern
eher mehr.

Wenn du siegreich
mit dem Herrn durchgehst,
hast du einen Schlüssel
für andere, die durch
das Gleiche gehen.

als Mutperspektive nennen: Durch was auch immer du leidend gehst – wenn du siegreich mit dem Herrn durchgehst, hast du einen Schlüssel für andere, die durch das Gleiche gehen.

Vielleicht ist das die wichtigste Antwort, warum es Leiden in deinem Leben gibt. Denn das war die Antwort für Jesus. Jesus wurde ein mitfühlender Hohepriester, weil er in allem wie wir in Versuchung geführt worden ist (Hebräer 4,15).

Wir haben ja nicht einen Hohenpriester, der nicht mitfühlen könnte mit unserer Schwäche, sondern einen, der in allem wie wir in Versuchung geführt worden ist, aber nicht gesündigt hat.

Und wenn du sagst: „Warum musste ich durch das Drama von Jobverlust und Arbeitslosigkeit gehen? Warum musste ich durch das Drama von Scheidung gehen? Warum muss ich durch das Drama gehen, dass meine Kinder nicht glauben?“ Wie auch immer. Mit dem Herrn da siegreich durchzugehen – und siegreich heißt nicht immer triumphierend wie ein Champion, sondern im Dialog mit Jesus, nahe an Jesus dran, nicht perfekt, aber nahe an Jesus dran –, bedeutet, einen effektiven Schlüssel für andere zu bekommen.

Wenn du da durchgehst, bekommst du einen Schlüssel für andere, um ihnen effektiv zu helfen. Effektiver als jedes Buch es leisten könnte.

Denn die Leute werden sagen: „Der ist ja durch das Gleiche gegangen wie ich. Und er lebt noch. Es geht doch weiter.“ Ja, du lebst noch und es geht doch weiter.

5. Lerne zu danken

Wir kommen zum letzten Punkt. **Es gibt eine Glaubensantwort auf Leiden**, die so massiv und so hoch ist, dass sie wirklich ein hehres Ziel für uns schwache Menschen ist. Aber zugleich ist es auch ein Ehrfurcht gebietendes Ziel. Ich spreche von der Antwort des Hiob. **Es ist ein ganz simpler Satz.**

Hiob ist ein gottesfürchtiger Mann, doch dann kommt der Teufel und sagt: „Hey, ich will den mal ordentlich testen." Der Teufel bringt Verderben in das Leben von Hiob, doch Hiob antwortet auf massive Weise, denn er sagte (Hiob 1,21):

Nackt kam ich hervor aus dem Schoß meiner Mutter; nackt kehre ich dahin zurück. Der Herr hat gegeben, der Herr hat genommen; gelobt sei der Name des Herrn.

Fast am massivsten finde ich die Aussage „der Herr hat gegeben, der Herr hat genommen". Sozusagen: „Herr, wenn ich dir für das, was du mir gibst, danke, wer bin ich, dir dann böse zu sein, wenn du es wieder nimmst?" Es ist ja alles ein Geschenk.

Doch dieser Satz ist unglaublich schwer zu sagen, wenn du im Leiden bist. Unglaublich schwer. Trotzdem ist er zutiefst wahr. Es fällt uns oft leichter, uns bei Gott zu beschweren, dass wir A, B oder C nicht bekommen. Dabei vergessen wir, dass jedes Sauerstoffmolekül, das wir einatmen, nicht von uns produziert ist. Ja, dass kein einziger Sonnenstrahl je von einem Menschen produziert wurde. All das nehmen wir selbstverständlich hin. Aber **wenn wir irgendetwas nicht bekommen, sind wir auf Gott sehr wütend**.

Es ist keine einfache Übung: Aber im Letzten passiert die größte Transformation von Leiden, wenn du zu danken lernst. Das ist der letzte Punkt in diesem Buch: Lerne zu danken. **Danken ist kein plattes Positivdenken**: „Irgendetwas Gutes wird schon drin sein."

Im Letzten passiert
die größte
Transformation
von Leiden,
wenn du zu
danken lernst.

Um danken zu können, erfordert es tatsächlich eine Bekehrung, **eine Umkehr des Herzens**. Im Sinne von dieser Bibelstelle zu sagen: „Herr, ich hätte das so gerne gehabt und es schmerzt mich so sehr. Warum musste dieser Mensch sterben? Ich verstehe das nicht, Herr. Es bleiben so viele Fragen. Aber im Letzten ist alles, was ich habe, sowieso ein Geschenk von dir. Doch ich gehe am Schluss zurück zu dir, Herr, und nehme nichts mit. **Am Schluss wird es nur noch die Realität geben, dass ich vor dir stehe.**"

Nochmals: Wenn du im schweren Leiden bist, ist dies schwer zu glauben. Aber ich will es dir trotzdem zusprechen: „Es wird wieder gut! Es wird alles gut!"

Wir Christen sind die einzigen Leute, die mit absoluter Sicherheit sagen können „Es wird alles gut." Und zwar nicht im Sinne von: Es war nie schlecht. Wir lesen in der Offenbarung, dass Gott die Tränen von jedem Auge abwischen wird (Offenbarung 21,4).

Er wird alle Tränen von ihren Augen abwischen: Der Tod wird nicht mehr sein, keine Trauer, keine Klage, keine Mühsal. Denn was früher war, ist vergangen.

Das bedeutet, dass da vorher Tränen waren. Hier wird nicht gesagt, es werde gar keine Tränen geben. **Es wird Tränen geben, aber er wird alle abwischen.** Es wird alles gut, es wird sich am Schluss alles gelohnt haben. Im Hebräerbrief heißt es einmal (Hebräer 10,35):

Werft also eure Zuversicht nicht weg, die großen Lohn mit sich bringt

Ich will enden, indem ich die Geschichte von Lea weiter und auch zu Ende erzähle. Lea war die Ungeliebte, doch Gott hat gesehen, dass sie weniger geliebt war (1. Mose 29,31).

Als der Herr sah, dass Lea zurückgesetzt wurde …

Gott hätte auch einfach das Herz des Jakob umdrehen können, damit er Lea mehr liebt. Aber das hat er nicht getan. Es blieb offensichtlich das Leiden, dass sie bemerkt hat: „Eigentlich geht das Herz meines Mannes mehr zu meiner Schwester."

Aber der Herr hat ihr Segen und Fruchtbarkeit in einem anderen Bereich geschenkt – nämlich mit Kindern. Und die waren dann auch total happy. Doch was interessant ist: Lea hat angefangen, ihre Kinder danach zu benennen, dass Gott ihr Gerechtigkeit gibt. Als die ersten Kinder geboren waren, hat Lea das nächste Kind Juda genannt. Juda heißt Dank (1. Mose 29,31).

Da sagte sie: Diesmal will ich dem Herrn danken. Darum nannte sie ihn Juda (Dank).

Das war der Durchbruch. Lea hat ein für alle Mal gesehen: Der Herr hat mich gesehen, ich will dem Herrn danken. Da war keine Bitterkeit mehr in ihr.

Doch es geht weiter: **Juda wurde das Königsgeschlecht Israels. Und aus dem Geschlecht Juda wurde Jesus geboren.** Jesus ist der Löwe aus dem Stamm Juda. Er wird

Der Herr hat mich gesehen,
ich will dem Herrn danken.

für immer nach dem Sohn der Frau benannt, die weniger geliebt wurde. Aber sie fängt an, dem Herrn zu danken und zu sagen: „Herr, du siehst auf mein Elend. Ich habe nicht alles, was ich brauche, aber du segnest mich trotzdem."

Der Herr wendet die Unheils-Geschichte der weniger schönen Lea, der weniger geliebten Lea – sie bringt Juda zur Welt! Am Schluss lesen wir, dass Jakob sie in einem Königsgrab neben Rahel bestattet hat. Das heißt, am Schluss gab es für Jakob keinen Unterschied mehr in Bezug auf Wert, Rang und Würde.

So kann der Herr alles zum Guten wenden. **Das heißt nicht, dass uns Leid immer erspart wird.** Aber Gott hat immer eine größere Vision und **er verdient immer dein Vertrauen. Er ist der total Vertrauenswürdige.**

Ein Wort zum Schluss

Ich weiß nicht, mit welchen Gefühlen du dieses Buch nun schließt. Vielleicht ist der Schmerz deiner aktuellen Lage noch so überwältigend, dass all das hier Geschriebene nur wie tote Theorie klingt. Und tatsächlich: Ich kenne dein Leid nicht. Ich weiß nicht, wo du gerade durchgehen musst. Ich möchte dich einfach nur bitten: Gib jetzt nicht auf. In einer Situation heftiger Qualen können wir das große Bild meistens nicht mehr sehen.

Und doch ... **lass die Worte dieses Büchleins auf dich wirken**. Vielleicht werden sie dir nachgehen. Und vielleicht kommt der Moment, in dem du all das wieder glauben kannst. Setz dich selbst nicht unter Druck. Gott ist gut. Er ist besser, als wir meinen. Er sieht weiter, als wir wissen. Du bist nicht aus seinem Plan gefallen.

Ohne den Anspruch, dich belehren zu wollen, möchte ich dieses Buch mit einer kleinen Geste abschließen. Dies ist keine Unterweisung. Ich weiß nicht alles besser. Doch ich weiß, dass Gott gut ist. **Lass dieses Buch wie der Arm sein, den dir ein guter Freund entgegenstreckt** und dir sagt: Ich verstehe es auch nicht.

Doch es wird weitergehen. Lass dich in den Arm nehmen und auf eine Tasse Kaffee einladen. Denn es kommt ein neuer Tag. Du wirst es sehen.

Du bist nicht aus seinem Plan gefallen.

Ebenfalls von Dr. Johannes Hartl erschienen:

Die Kunst, eine Frau zu lieben

Das große Geheimnis verstehen

Eine Reise in die Welt des Herzens.
Ein überraschendes Buch.
Für jeden, der die Herzensräume einer Frau entdecken und ehren möchte. Für jeden, der ihre Identität verstehen und die Sprache des Herzens lernen möchte.
Sind Blumen, Romantik, Gentleman und Kunst wirklich unerlässlich? Ein Buch (nicht nur) für Männer.

Mit einem Nachwort für Frauen und Single-Männer.

Bestell-Nr.: 52 50439
ISBN 978-3-86773-198-0

Erhältlich im Buchhandel und direkt beim Verlag.
cap-books
72221 Haiterbach
bestellung@cap-music.de
Bestell-Telefon: 07456-9393-0
www.cap-music.de